맛을 지휘하는
요리사

글쓴이 **유영소 선생님**은

성신여자대학교에서 국어국문학 석사학위를 받았어요. 1998년 제6회 'MBC창작동화대상'과 2005년 제1회 '마해송문학상'을 수상하고요. 작품으로 〈행복빌라 미녀 4총사〉, 〈알파벳 벌레가 스멀스멀〉, 〈겨울 해바라기〉, 〈여자는 힘이 세다〉 등이 있어요. 아이들의 지혜로운 생각을 신 나게 키워 주는 이야기를 쓰기 위해 열심히 노력하고 있답니다.

그린이 **김선진 선생님**은

동덕여자대학교에서 서양화를 전공했어요. '서울일러스트공모전'에서 입상했고, '엄마 아빠랑 함께 읽는 그림 동화' 전시회를 가졌어요. 〈한여름 밤의 꿈〉, 〈엄마 찾아 삼만 리〉 등의 책에 그림을 그렸어요. 아이들의 마음을 움직이고, 꿈을 키워 주는 예쁜 그림책을 만드는 게 꿈이에요.

맛을 지휘하는
요리사

글 유영소 · 그림 김선진

주니어 RHK

옹기 씨는 오늘도 아침 여섯 시에 눈을 떴어. 서둘러 옷을 갈아입고 집 밖을 나서는 옹기 씨. 쌩쌩 쉬지 않고 달리더니 어느새 수영장에 도착했어. 물에 처음 들어갈 땐 "아이고, 차라!" 하는 말이 절로 터지지만, 돌고래 같은 수영 솜씨로 레인을 서너 번만 돌고 나면 금세 온몸이 후끈해지지. 그런데도 옹기 씨는 꼭 이렇게 말한다니까.

"아유, 시원하다!"

물속에서 빠르게 움직일 때마다 어깨며 등이며 허리, 팔다리에 쌓였던 피곤이 탈탈 털려 나가는 것 같아 아주 개운하다는 거야.

요리사에게 가장 중요한 건 무엇보다 체력이야. 거의 하루 종일 서서 일하는 요리사들은 그날그날 몸에 쌓인 피로를 풀어 주어야 해. 몸에 맞는 적당한 운동으로 체력도 길러야 하고. 옹기 씨가 후배 요리사들한테 제일 먼저 하는 말도 바로 이렇다니까.

"일을 다 마칠 때까지 지치지 않고 요리할 수 있는 체력과 그 체력을 적절히 나눠서 쓸 줄 아는 지혜를 길러라!"

수영장에서 나온 옹기 씨는 빠른 걸음으로 식당으로 향했어. 보통 때 같으면 집에 가서 가족들과 함께 아침을 먹은 뒤에 출근하겠지만, 오늘은 좀 특별한 날이거든. 오늘은 바로 옹기네의 자랑, 귀하디 귀한 '장'을 담그는 날이니까!

지난 가을에 띄운(발효시킨) 메주를 정성껏 씻어서 바싹 말려 둔 게 어제까지 일이야. 이번 메주도 아주 잘 띄웠어. 겉은 꾸덕꾸덕 잘 마르고 속은 말랑말랑 부드러운 것이, 하얗고 노란 맛있는 곰팡이만 잔뜩 피었지.

"주방장 님, 나오셨어요?"

소금을 옮기던 사람들이 인사를 했어. 옹기 씨도 서둘러 앞치마를 두르고 뒷마당으로 갔지. 옹기 씨는 깨끗한 물에 한 해 동안 묵힌 소금을 풀어 소금물부터 만들었어. 그리고 소독한 항아리에 차곡차곡 메주를 담고 소금물을 부었어. 마지막으로 나쁜 잡균이나 냄새를 없애 줄 옻나무, 고추, 숯을 넣고 옹기 씨가 말했어.

"금줄(신성한 것임을 표시하는 새끼줄)은 홍이가 쳐라."

옹기네에 들어온 지 석 달도 안 되는 홍이는 지난 가을에 한식 조리사 자격증을 딴 새내기 요리사야. 옹기 씨가 주방의

막내에게 이 중요한 일을 시키는 건 장항아리(장을 담은 큰 항아리)가 얼마나 귀한 것인지 꼭 알고 배워 두길 바라서지. 그 맘을 아는지, 홍이도 고추와 숯을 매단 새끼줄을 항아리에 조심스레 둘렀어.

한 달 하고도 열흘 후에, 옹기 씨는 이 장으로 간장과 된장을 만들 참이야. 메주를 건져 내어 버무리고 숙성시켜 된장을 만들고, 나머지 장물을 가마솥에 붓고 달여서 간장을 만들지. 그리고 백 년도 넘게 이어 온 옹기 씨네 씨간장(오랜 세월 동안 이어져 온 숙성된 간장)과 새 간장을 합치면, 바로 옹기네의 음식 맛을 좌우하는 뿌리 중의 뿌리가 되는 거야.

옹기 씨는 꼭 기도하는 것처럼 마음으로 빌었어.

'쌕쌕 맑은 숨 쉬는 항아리 안에서, 곰곰 맛나게 삭아야 한다.'

맛있어져라 콩콩, 맛있어져라 콩콩
기억 먹고 맛있어져라, 시간 먹고 맛있어져라.
환한 햇볕 달콤한 빗물
쏙쏙 받아먹고 쑥쑥 자라서,
노랗게 콩콩 알알이 콩콩
콩콩 삶아서 콩콩 찧어서
두덕두덕 껴안은 메주.
햇볕 속 항아리 속 소금물 속 콩콩
찬찬 맛 들어라, 곰곰 맛 들어라.
세상에서 제일 맛난
간장이 되고 된장이 되고
맛있어져라 콩콩, 맛있어져라 콩콩.

뒷정리는 사람들한테 맡기고, 옹기 씨는 큰 항아리에서 김치를 서너 포기 꺼내서 부엌으로 왔어. 장 담그는 날처럼 특별한 날에는 옹기네 식구들 밥을 주방장 옹기 씨가 직접 해 먹이거든.

쓱쓱싹싹, 보글보글, 칙칙.

구수한 청국장 냄새가 슬슬 콧속을 후벼 댈 쯤, 막내 홍이가 수저를 놓으며 상차림을 도왔어. 사람들은 하얀 김이 모락모락 나는 막 차려진 상으로 몰려들었지. 알알이 고슬고슬한 밥엔 윤기가 잘잘 흐르고, 노릇노릇 구워진 통통한 조기는 따끈한 접시에 얌전히 누웠어. 하얀 두부가 보글대는 청국장은 아직도 뚝배기에서 끓고, 조물조물 무친 유채 나물은 옹기 씨의 깔끔한 손맛까지 묻은 것 같아. 아삭아삭 시원하게 씹히는 배추김치, 말갛게 탐스러운 마늘장아찌, 북어를 갈아 포슬포슬 무친 북어 보푸라기까지…….

으아, 맛있겠다!

진정한 한식의 맛은 '발효'의 맛!

구수하니 따끈한 된장찌개, 달고 짭조름한 명란젓갈, 매콤하게 감칠맛이 나는 김치, 깔끔한 짠맛이 입에서 살살 녹는 간장게장……. 듣기만 해도 침이 꼴깍 넘어가지요? 바로 이 맛이에요. 오래 두고 삭혀서 발효시켜 먹는 우리 한식의 참맛이요.

한식은 우리 몸에 좋은 영양소가 풍부한 건강 식단이에요. 한식을 요리하는 요리사라면, 이 발효의 맛을 제대로 내기 위해 기다리는 법을 알아야 한답니다.

모두들 맛나게 아침을 먹고 있는데, 이랴 아저씨(트럭을 운전할 때마다 꼭 소를 모는 것처럼 "이랴!"라고 해서 붙은 별명이야!)가 왔어. 이랴 아저씨는 가까운 시골에서 농사를 짓는 아저씨인데, 옹기네에 필요한 농산물을 직접 갖다 줘. 벌써 10년도 넘게 거래해 와서, 이랴 아저씨도 거의 옹기네 식구라고 할 수 있지. 홍이가 얼른 상에 수저를 더 놓았어. 이랴 아저씨도 배가 고팠는데 마침 잘됐다며 아주 좋아했어.

옹기 씨는 밥을 다 먹고 나서, 배추며 총각무, 오이, 양파, 고추, 마늘, 대파, 생강 등의 채소를 챙기고 쌀도 몇 가마니 새로 들였어. 음식의 맛은

무엇보다 재료가 좋아야 하거든. 신토불이! 우리 음식에는 무엇보다 우리 땅에서 자란 싱싱하고 알찬 재료들이 바탕이 되어야 해. 재료를 확실히 알기 위해 공부도 게을리하면 안 돼! 계절이나 날씨에 따라 재료의 성분이나 맛이 달라지니까, 조리법도 그에 맞게 해야 제 맛을 낼 수 있거든. 그래서 옹기 씨는 재료를 맞이하는 아침 시간마다 늘 이렇게 강조한다니까.

"재료부터 내 것으로 만들어라! 그러려면 그 재료를 심고 거둔 땅과 사람들의 마음도 기억해라. 어느 것 하나 수고롭지 않게 나한테 온 것이 없다. 내가 만드는 요리에 그 수고로움이 드러날수록, 그 시간과 노력이 드러날수록 요리가 빛날 것이다."

　점심시간이 되기 전까지, 요리사들은 부엌에서 점심 메뉴에 필요한 재료들을 하나하나 다듬어 준비해 둬야 해. 고기와 생선, 달걀 같은 재료들도 잘 살피고, 가짓수가 많은 밑반찬도 세심하게 챙겨야지. 이런 일들은 부주방장의 지휘 아래 여러 요리사들이 나눠 하곤 해. 한식은 채소와 고기가 골고루 다양하게 조리되어 상에 오르므로, 끝까지 손이 많이 가거든.
　옹기 씨는 부주방장과 오늘의 일정을 이야기한 뒤, 방에서 열심히 생각 중이야. 여름이 오기 전에 새 메뉴를 만들 계획이거든. 메밀을 재료로 한 음식을 생각하고 있는데, 아직 몇 가지 더 생각할 것들이 남았어.

그때, 옹기 씨의 휴대 전화가 울렸어. 매콤 씨 전화야!

"어이, 옹기! 내일 모임은 안 잊은 거지? 그래, 메뉴는 좀 생각해 봤어?"

그제야 생각나는 '행복 요리사' 모임! 독거노인(가족 없이 혼자 살아가는 노인)들을 위해 경로잔치를 하기로 하고, 그 일을 의논하기 위해 다같이 모이기로 한 게 바로 내일이지 뭐야. 홀랑 까먹고 있었으면서도, 옹기 씨는 다 알고 있었다는 듯 대답했어.

"그럼, 당연하지! 내 걱정은 말고 자네나 잘 준비해 와!"

옹기 씨는 전화를 끊고 나서 소리를 질렀어.

"아유, 오늘은 진짜 생각하고 정리할 일이 많네. 바쁘다, 바빠!"

오전 9:00

매콤 씨, 자전거를 타고 출근하다!

때릉때릉 때르릉. 자전거 벨을 명랑하게 울리며
힘껏 페달을 밟는 매콤 씨!
중화요리 식당 진미루(珍味樓) 가는 길 중에
이 언덕을 오르는 게 제일 힘들어.
그런데도 매콤 씨는 이 언덕길이 제일 신 난대.
발로 꼭꼭 자전거 바퀴를 굴릴 때마다 맛있는 요리로
하루를 힘차게 굴리는 자기가 딱 떠오른다나?
매콤 씨, 오늘도 파이팅!

옹기 씨와 전화를 끊고 언덕길을 오르면서, 매콤 씨는 생각했어.
'옹기와 행복 요리사 모임을 만든 건 정말 잘한 일이야! 우리 주변에 불쌍한 이웃들도 많은데, 더 맛있고 비싼 음식을 만드는 것에만 욕심낸다면 요리사의 도리가 아니지. 그럼 아니고말고!'

옹기 씨와 매콤 씨는 초등학교를 함께 다닌 동창생이야. 둘 다 요리사가 되고 나서, 먹을거리의 평등한 나눔을 생각하는 요리사들의 모임을 만들었지. 먹을거리가 모자란 사람들을 돕기 위해 모금 운동도 하고, 사람들을 직접 찾아가 맛난 요리도 해 주는 모임이야. 이번에는 혼자 사시는 어르신들께 맛난 음식을 대접하기 위해 차근차근 준비를 하고 있지.

진미루에 도착해 보니, 가게 앞이 아주 깨끗해. 막내 한이가 벌써 나와서 싹 쓸어 놓고, 깔끔하게 정리까지 마쳤나 봐. 매콤 씨는 어제 한이를 야단쳤던 게 생각나 어깨를 으쓱했어. 한이가 자꾸 게으름을 피우려고 하는 것 같아 따끔하게 꾸짖었거든.

"요리사에게 게으름은 으뜸가는 적이야! 중화요리에 요령 따위는 없다. 거칠고 힘든 과정 자체가 맛으로 나오는 거야. 흐트러진 마음부터 다잡고 부지런히 훈련해라!"

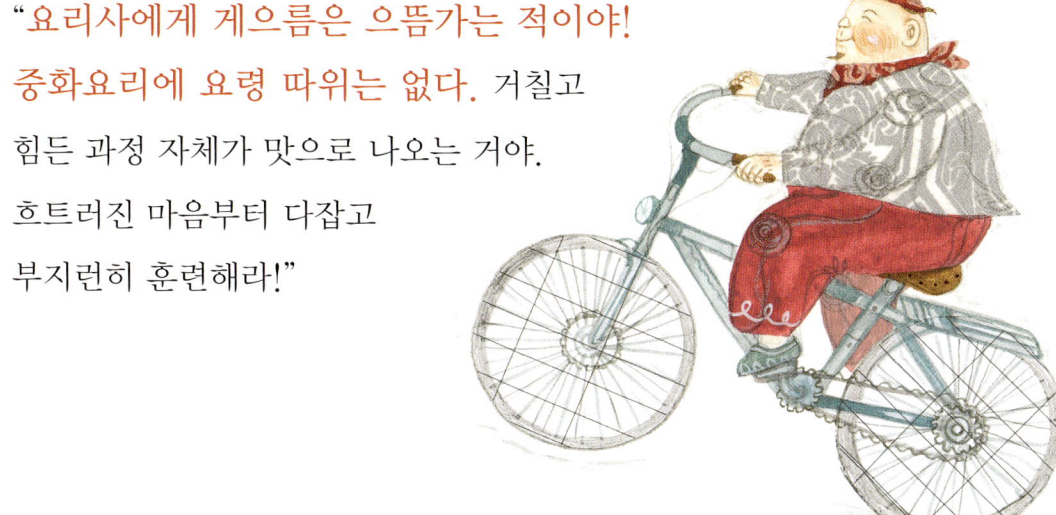

매콤 씨가 주방에 들어오자, 양파를 깠는지 매운 내가 가득하고, 감자는 벌써 다 깎여 수북하게 쌓여 있었어. 한이는 한쪽에서 프라이팬을 닦고 있었어. 부지런히 팔을 움직여 가며 벅벅 프라이팬을 닦는 모습을 보니, 매콤 씨는 딱 20년 전 자기의 모습이 떠올랐어.

'나도 처음엔 잔심부름부터 시작했지. 모든 재료들을 다 손질하고, 어마어마한 양의 반죽까지……. 그러는 동안 힘들고 귀찮았던 날이 왜 없었겠니! 그래도 꾹 참고 견디다가 처음으로 칼을 잡은 날이 아직도 생생해. 하지만 기쁨도 잠시일 뿐, 그 무겁던 칼을 내 손처럼 마음대로 다룰 때까지 얼마나 연습했던지……. 재료를 써는 각도에 따라 맛이 달라진다는 걸 그때서야 알았지. 그 힘든 날을 거쳐 드디어 프라이팬을 쓰는 화덕으로 올라섰다. 한이야, 너도 열정이 있으니 충분히 할 수 있을 거다!'

매콤 씨는 한이에게 책 한 권을 건네며 한쪽 눈을 찡긋 감았어. 이 책은

매콤 씨가 후배
요리사들에게 종종 권하는
책이야. 중화요리의 비법이 담긴 아주
유익한 책이지. 매콤 씨는 책 속에 이런 메모도 끼워
두었어.

중화요리와 친해지려면,
중국 음식 속에 담긴 역사와
문화의 맥락을 알아 두는 게 순서란다.
따뜻한 음식 한 그릇 속에 담긴 수많은 사람들의
이야기가 사실은 그 음식의 진짜 맛이지.
그 맛을 이해할 수 있을 때 네 맛을
만들 수 있을 거야.

 진미루의 주방장인 자장 씨는 오늘 요리 대학 강의가 있어서 오후에나 출근해. 부주방장 매콤 씨는 어제 미리 자장 씨와 의논했던 사항들을 다시 한 번 꼼꼼히 살피고, 요리사들과 일정을 점검했지.
 "자, 다시 확인한다. 점심에는 정식 예약이 있어. 4코스 16인분! 정오가 되기 전에 준비해야 하는 거 잊지 말고. 저녁 7시에는 22명 예약 손님! 사천식 8코스니까, 입에서 화르륵 불 좀 나게 해 드리자고!"
 매콤 씨가 씩 웃자, 다른 요리사들도 쿡쿡 따라서 웃었어.
 진미루는 중화요리 중에서도 매운맛이 자랑인 사천식 요리가 전문이야. 주방장과 부주방장이 주 요리를 담당하고 있지만, 그중에서도 매콤 씨의 '마파두부'는 주방장 자장 씨까지 엄지손가락을 추켜드는 요리지. 사천

고추로 볶은 매콤한 두부가 부드럽게 혀 안을 구르며 내는 고소한 맛!
진미루 손님 중에는 매콤 씨의 '마파두부' 때문에 온다는 사람들이 꽤 많아.
 실제로 매콤 씨는 중국 사천 지방에 가서 요리를 배워 돌아왔는데, 그 경험을 바탕으로 한국 사람들 입맛에 맞춰 매운 맛을 적당히 조절한 것이 아주 효과적이었지.

중국의 요리는 다양한 것으로 유명해. 나라가 워낙 넓어서 지방에 따라 각기 다른 요리가 발달했지. 특히 북경, 상해, 광둥, 사천요리가 중국의 4대 요리로 손꼽혀. 매콤 씨는 그중에서 사천요리가 가장 자신 있대. 그럼, 중국의 4대 요리를 한번 살펴볼까?

북경요리 (황허 강 유역)

튀김과 볶음 요리 등 맛이 진하고 기름진 요리가 특히 발달했어.

또 밀이 많이 생산되어서 국수, 만두 등 밀가루 음식도 많지. 우리나라의 중화요리 식당은 대부분 북경식 조리법을 따르지.

상해요리 (양쯔 강 유역)

바다와 가까워 해산물 요리가 많지. 간장과 설탕을 많이 써서 진한 단맛이 자랑이야. 색이 화려하고 선명한 것도 특징이고.

가장 대표 음식은 게 요리! 세계의 식도락가들이 꼽는 맛이래.

광동요리 (남부 연안 지방)

아주 옛날부터 외국과의 교류가 많아 국제적인 맛을 자랑해. 자연의 맛을 살리는 담백함이 특징인데, 간을 싱겁게 하고 기름도 적게 써서 중국 요리 중에 가장 대중적인 것으로 꼽히지.
특히 광동 오리 요리는 맛이 좋기로 유명해. 한 입 크기로 만든 중국 만두 '딤섬'도 광동요리야.

사천요리 (서부 대 분지)

쌀과 곡식이 많이 나는 사천은 향신료를 많이 쓴 요리가 발달했어. 마늘, 파, 고추 등을 사용한 매운 요리가 일품이지. '마파두부'가 가장 대표적인 사천요리야.

매콤 씨는 잠깐 틈을 내서 우롱차를 마시며 행복 요리사 홈페이지를 둘러봤어. 그리고 메일 함을 열었더니, 예쁜 편지가 두 통이나 와 있지 뭐야. 행복 요리사 모임에 참여하고 싶다는 요리사들의 편지였어. 매콤 씨는 기쁜 마음으로 답장을 보내고, 서둘러 주방으로 내려왔어.

주방은 벌써 후끈한 열기가 돌았어. 중화요리는 불 위에서 하는 요리가 대부분이라, '불과의 싸움'에서 이긴 요리사가 참맛을 낸다고 하지. 그래서 매콤 씨는 화덕을 맡는 후배 요리사에게 꼭 이 말부터 해 주곤 해.

"중화요리는 불을 다루고 프라이팬을 돌리는 기술이 맛을 좌우한다. 너만의 기술로 네 맛을 만들어라!"

매콤 씨는 주방을 돌며 준비 과정을 점검하기 시작했어. 어떨 땐 직접 시범을 보이며 도와줄 때도 있지. 물론 잔소리도 잊지 않아!

"최고의 재료들을 잘 다듬는 게 첫째야! 그리고 적당한 온도에서 알맞은 양념을 넣고 재빨리 볶는 거지. 꼭 양치한 후에 요리하는 것도 잊지 말고. 그래야 간을 정확히 볼 수 있으니까."

드디어 화덕 앞에 선 매콤 씨! 지금부터 신 나게 프라이팬을 돌려 맛난 중화요리를 만들어 볼 참이야. 광어찜, 통전복과 바다가재, 해삼과 관자, 굴찜, 누룽지탕, 왕후면, 가리비 볶음, 마파두부 덮밥, 사천식 굴 짬뽕과 자장면……. 어때, 오늘 하루도 진짜 맛나겠지?

낮 12:00
짠순 씨, 눈코 뜰 새 없이 바쁘다!

한낮의 주방은 그야말로 전쟁터야. 손님들의 편안하고 맛있는 점심 식사를 위해 요리사들의 손발은 총알처럼 날아다니지. 아주 정확하고 재빠르게! 오늘처럼 호텔에서 큰 행사가 있는 날은 정말 눈코 뜰 새 없이 바쁘다니까.

짠순 씨는 어젯밤에 보낸 메일에 답이 왔을까 궁금해서, 잠깐이라도 컴퓨터 메일 함을 열어 보고 싶었어. 행복 요리사 모임에 들고 싶다고 메일을 보냈거든. 그런데 어림도 없지 뭐야! 점심시간에 밀어닥친 손님들이 한꺼번에 주문을 하는 바람에, 주방은 그야말로 전쟁이 난 것처럼 정신이 없었거든.

짠순 씨가 일하는 곳은 삐노끼오 호텔 식당! 양식 조리부에 근무한 지 벌써 4년째야. 하지만 이렇게 급한 상황이 되면, 짠순 씨는 직접 요리하기보다 선배 요리사들의 일을 돕는 '쿡 헬퍼(cook helper)'로 더 바빠져. 아무래도 요리의 맛이나 만드는 속도에서 주방장이나 부주방장들의 솜씨를 따라가기 힘드니까. 짠순 씨는 홀에서 나온 주문들을 요리사들에게 잘 전달하고, 요리사들이 조리할 때에도 눈치껏 손을 보태. 눈을 반짝 뜨고 귀를 쫑긋 세워서, 도움이 필요한 곳을 얼른 알아채고 후다닥 해내는 거야.

"이걸 오븐에서 꺼내 바로 접시에 담아! 장식도 네가 하고."
"시금치 파스타 더 삶아야 해. 서둘러!"
"양갈비 세팅 좀 부탁해."
"10번 테이블에서 주문한 소스 다시 확인해 봐!"
"닭고기는 허브를 넣어서 한 번 더 끓여."

여기저기서 불러 대며 이거 해라, 저거 해라 그러면 정신없고 짜증도 날 만한데, 짠순 씨는 이 시간이 은근히 설렌다지 뭐야. 바로 이 시간이야말로 선배 요리사들의 경험과 기술을 배울 수 있는 기회이기 때문이지. 요리사들마다 더 좋은 맛을 내는 조리 비법이 있어. 어떤 양념을 먼저 넣고 나중에 넣는지, 어떤 소스를 어떻게 섞는지에 따라 맛이 확 달라지기도 하지. 접시에 음식을 담아 장식하는 요령이나 특별히 더 잘 활용하는 조리 기구까지, 짠순 씨는 하나도 놓치지 않으려고 눈으로 계속 사진을 찍어 가며 뛰어다니는 중이야.

짠순 씨가 출근한 첫날, 수석 조리장 님이 해 주신 말이 바로 그랬어.

"양식은 눈, 코, 입을 다 만족시키는 어우러짐이 가장 중요하다. 양식을 요리하는 과정 하나하나가 섬세한 예술이라고 생각해라. 눈으로 선배의 요리를 보고, 귀로 선배의 이야기를 듣고, 코는 냄새를 맡고, 입은 모르는 것을 물어보고!"

이 말은 짠순 씨가 3년 전부터 써 온 '요리 일기'에도 써 있어. 짠순 씨의 요리 일기에는 선배들의 요리를 보고 생각했던 이런저런 비법들이 그득하지. 짠순 씨는 특히 파스타를 비롯한 이탈리아 음식에 관심이 많아.

'서양 요리' 하면 사람들은 흔히 프랑스 요리를 먼저 떠올려. 하지만 프랑스의 요리는 이탈리아의 공주가 프랑스로 시집가면서 데려간 요리사들에게 큰 영향을 받았다고 해. 그래서인지 몇몇 특별한 요리를 빼면 두 나라의 요리에는 큰 차이가 없지. 이탈리아 요리 중 가장 유명한 것은 스파게티와 피자야. 하지만 이탈리아 요리의 풍부한 맛을 맘껏 느끼려면, 순서대로 나오는 코스 요리가 좋아. 어디, 우리도 구경 한번 해 볼까?

아페르티보
식사 전에 먹는 간단한 음식과 음료수야.

안티파스토
주 요리를 먹기 전에 입맛을 돋우기 위한 요리야. 채소와 과일을 주 재료로 해 화려하게 꾸민 간편한 요리야.

프리모 피아토
첫 번째 주 요리로, 파스타나 리조또, 피자가 있지.

세콘도 피아토
두 번째 주 요리로, 생선과 고기로 조리한 음식이야.

돌체
'달콤한 후식'이란 뜻으로, 케이크나 과일 아이스크림을 먹지.

카페
음식을 다 먹고 나서는 차를 마셔. 주로 에스프레소 같은 진한 커피를 마시지.

얼마 전, 이탈리아에서도 아주 유명한 조리장이 삐노끼오 호텔을 다녀갔어. 삐노끼오 호텔에서 봄을 맞아 정통 이탈리아 음식들을 선보이는 큰 행사가 있었는데, 그때 조리장으로 초빙되었던 요리사였지. 짠순 씨는 이때 이탈리아 요리의 새로운 맛을 알게 되었어.

무엇보다 잊을 수 없던 것은 파스타 카르보나라의 강력했던 짠맛! 카르보나라에 생크림을 쓰는 건 미국이나 일본식이래. 본래 이탈리아에서 만든 정통 카르보나라는 양젖으로 만든 치즈 페코리노와 소금에 절인 돼지 볼살, 그리고 달걀노른자를 섞은 소스만 사용한다는 거야.

카르보나라는 숯을 굽던 인부들이 산에 오랫동안 머물면서 잘 상하지 않는 음식을 만들어 먹은 데에서 유래한 음식이야. 소금과 치즈의 짠맛으로 부족한 염분도 보충하고 말이야. 짠순 씨는 카르보나라를 맛보면서 요리에 대한 새로운 생각을 하게 되었어.

'제대로 알지도 못하면서 흉내만 낸다면 참다운 요리사가 아니지! 고유의 맛을 제대로 알고 느낀다면, 더 풍부한 맛을 창조하는 요리사가 되지 않을까?'

소금의 매력

소금은 후추와 함께 거의 모든 서양 요리의 간을 맞추는 데 쓰여요. 소금은 음식의 맛에 가장 큰 영향을 주는 양념이면서도, 재료의 고유한 맛은 더 깊게 만들고, 다른 양념이나 향신료들의 맛은 더 향기롭게 하는 놀라운 성질이 있어요. 따라서 소금을 적절하게 사용하면 요리의 제 맛을 살릴 수 있답니다.

"아이고, 이제 한숨 좀 돌리자!"

부주방장이 짠순 씨 어깨를 두드리며 말했어. 2시가 가까워 오자 손님들이 많이 빠졌거든. 짠순 씨도 그제야 기지개를 한 번 켜고 마무리를 시작했어. 짠순 씨가 가장 중요하게 생각하는 요리의 마무리는 조리 도구들을 깨끗하게 정돈해 두는 것! 요리사들에게 조리 도구는 또 하나의 비밀스러운 슈퍼 손이니까, 언제라도 출동할 수 있게 손봐 두어야 하지.

마무리가 끝나면 잠깐이라도 꼭 쉬어야 해. 보통 저녁때는 점심때보다 더 바쁘니까 미리 체력을 보충해야 하거든.

짠순 씨는 이번 여름에 휴가를 좀 길게 받아서 이탈리아로 요리 여행을 떠날 참이야. 전부터 다니던 영어 학원도 그래서 더 열심이지. 호텔 주방에서 일하는 요리사들에게는 외국어가 필수 시험 과목이야. 외국인 손님들에게 요리사로서 직접 이런저런 설명을 해야 할 때도 있고, 외국인 요리사들과 의사소통도 해야 하니까.

짠순 씨는 행복 요리사 모임에서 답장이 왔는지 확인해야겠다고
생각하다가 깜빡 잠이 들었어. 잠깐 틈을 내서 자는 쪽잠이 얼마나 단지,
짠순 씨 얼굴이 아주 환하지 뭐야. 아무래도 꿈속에서 먼저 이탈리아로
날아간 모양이야. 미래의 멋진 조리장
짠순 씨를 기다리는 이탈리아로 말이야.

오후 3:00

달콤 씨, 오븐 앞에서 기도하다!

오늘의 마지막 빵이 오븐에서 익어 가고 있어.
후끈거리는 열기로 눈은 좀 아리지만,
동동 떠다니는 고소한 향기는 너무 보드라워.
두툼한 장갑 속의 손가락들을 꼼지락대며
가만가만 속말을 하는 달콤 씨!
"저 빵을 먹는 사람들이 부디 건강하고
행복하게 해 주세요."

오늘따라 기분 좋은 일들만 자꾸 생겨서 달콤 씨는 저절로 콧노래가 나왔어. 새벽에 반죽해서 구운 빵이 거의 다 팔렸거든. 그중에서 달콤 씨가 아이디어를 낸 토마토 빵 샌드위치는 한 개도 안 남았던걸. 달콤 씨가 아침을 먹고 다시 한 반죽도 발효가 아주 잘 되었지 뭐야.

"달콤 씨, 반죽 잘했네! 반죽을 조금 떼 냈을 때 이렇게 거미줄처럼 보이는 얇은 막이 생겨야지."

실습생들을 불러 모아 시범까지 보이는 조리장 때문에, 달콤 씨 어깨가 저절로 으쓱했지. 발효는 파티시에의 일 중 가장 기본이 되는 과정이자, 아주 까다로운 첫 번째 산이야. 발효가 덜 되면 빵이 푸석푸석하고, 심하면 너무 질기게 되거든. 계절에 따라, 날씨에 따라, 반죽이 발효되는 정도가 다르니까 파티시에가 신경 써서 감을 잡아야 해.

좋은 일은 또 있었어. 행복 요리사 모임에 가입되었으니, 당장 내일 모임에 나오라는 메일을 받았거든.

'이제 막 실습을 끝낸 초보 파티시에도 받아 주다니, 정말 감격이야! 이번 경로잔치 봉사도 함께할 수 있을까? 할머니, 할아버지들께서 내 빵을 맛보신다면 참말로 좋을 텐데…….'

초보 파티시에 달콤 씨는 지난달에 실습생 딱지를 뗐어. 먼저 직업 훈련원에서 네 달 동안 제과·제빵 훈련을 받고, 제과점으로 실습을 나온 두 달 동안 실제 현장에서 경험을 두루 쌓았지.

훈련원 때는 이론과 실습을 동시에 배우느라 진짜 바쁘고 힘들었어. 밀가루, 설탕, 우유, 효모, 버터 같은 중요한 재료부터 체계적으로 공부했는데, 쪽지 시험을 자주 봐서 스트레스도 많이 받았지. 그래도 그때 달달 외우며 머릿속에 넣어 둔 지식은 빵을 만드는 데 큰 도움이 되곤 해.

달콤 씨가 실습으로 처음 구운 빵은 바로 식빵이야. 밀가루를 계량하고

체에 내려 반죽을 하는데, 신기하게도 떨리던 마음이 푸근해지더니 생생한 촉감이 손끝을 간질이지 뭐야. 손으로 치대는 반죽이 '맛있는 빵으로 만들어 주세요!'라고 말을 걸어오는 것 같아서 아주 즐겁게 식빵을 구울 수 있었어.

제과와 제빵

보통 밀가루로 빵이나 과자를 만드는 요리사를 '제과제빵사'라고 불러요. 서양에서는 과자를 만드는 제과사(파티시에)와 빵을 만드는 제빵사(블랑제)를 구분하고, 일도 나누어서 하는 편이에요. 우리나라에서는 둘을 특별히 구분하지 않고 그냥 '파티시에'라고 부르지만, 점점 이 분야의 일들이 세분화되고 있어요.

파티시에 안에서도 초콜릿을 주재료로 다루는 '쇼콜라티에'나 잼과 사탕을 만드는 '콩피즈리', 아이스크림을 만드는 '글라스리' 같은 분야들이 자리 잡고 있답니다.

훈련원을 졸업할 때까지 달콤 씨는 백여 가지의 반죽으로 다양한 종류의 빵, 쿠키, 케이크들을 구웠어. 그러는 동안 실수도 많고 힘든 일도 많았지. 빵은 거짓말을 안 하거든. 아무리 완벽한 조리법을 써도 계량(재료의 분량이나 무게를 잼)이 틀리면 제대로 된 빵이 나오지 않지. 특히 물이나 우유, 생크림 같은 액체는 실수하기가 더 쉬워. 달콤 씨도 몇 번이나 실수했지. 분명히 조리법대로 했는데, 반죽이 점점 질어지더니 모양이 만들어지지 않고 그냥 줄줄 흘러내리는 거야. 계량컵(재료의 분량을 재는 데 쓰는 컵)을 대충 보았던 게 문제였지. 결국 달콤 씨는 눈물을 찔끔찔끔 짜면서 다시 처음부터 반죽했어.

'재료의 계량은 제빵의 생명!'

이날 이후, 달콤 씨가 마음에 딱 새긴 말이야.

한번은 빵 반죽을 오븐에 넣고 굽는데, 색깔이 하나도 안 변해서 깜짝 놀란 적도 있어. 나중에 알고 보니 깜빡하고 설탕을 빼먹었지 뭐야. 세상에, 설탕을 빼먹다니! 설탕은 이스트가 발효 운동을 할 때 꼭 필요한 양분이야. 또 캐러멜 작용을 해서 빵의 껍질을 짙은 갈색으로 만들고, 냄새도 더 좋게 해 주지. 그 중요한 걸 빼먹었으니 무슨 맛이 나겠어? 아무 맛도 안 나는 딱딱한 빵을 혼자 씹어 먹으면서, 달콤 씨는 빵이 얼마나 정직한지를 두고두고 생각했어.

'내 실수를 먹는 중! 이 빵은 실수한 나를 그대로 보여 주는 거야. 이 빵이 나야. 내가 구운 빵이 바로 나야.'

달콤 씨가 파티시에로서 스스로 소질이 있다고 생각한 건 처음으로 케이크를 만들던 날이야. 동그랗게 구운 케이크 빵을 칼로 쓱쓱 자르고, 그 사이사이에 생크림과 과일 잼을 바르는데 딱 이런 생각이 들었어.
'스패츄라(크림이나 토핑 등을 바를 때 쓰는 제빵 기구)를 쥔 내가 꼭 지휘자 같아. 지휘봉을 들고 아름다운 음악을 지휘하는 오케스트라의 지휘자!'

　달콤 씨는 달콤한 음악을 연주하듯 즐겁게 케이크를 만들었어. 마지막으로 딸기와 허브 잎사귀로 케이크를 장식하고, 기념으로 남기기 위해 사진을 찍었지.

달콤 씨는 '찰칵' 하는 셔터 소리에 갑자기 깨달았어. 그래서 얼른 속으로 조그맣게 말했지.

　'안녕? 나의 첫 케이크! 위대한 파티시에가 될 달콤이의 첫 케이크!'

　바로 이게 그때 만든 딸기 생크림 케이크 사진이야. 달콤 씨의 소망을 이루어 줄 첫 번째 소중한 보물!

요즘 달콤 씨는 '마카롱'의 단맛에 푹 빠졌어. 마카롱은 속은 매끌매끌 부드럽지만, 겉은 바삭바삭한 아주 달콤한 거품 과자야. 오늘은 산딸기를 갈아 넣고 만들어 보았어. 그랬더니 입 안에 퍼지는 마카롱의 단맛과 감촉이 아주 향긋하던걸. 조리장도 크게 칭찬했어.

"달콤 씨는 파티시에로 장점이 많은 사람이에요. 감정도 풍부하고 아이디어도 좋고. 무엇보다 빵을 만드는 과정 자체를 즐거워하는 마음이 예쁘고요. 그런데 그런 장점들이 잘 드러나는 빵을 구우려면, 정확하고 신중한 솜씨를 길러야 해요."

백 번 들어도 백 번 맞는 말! 달콤 씨는 고개를 끄덕끄덕했지.

"달콤 씨! 오븐 안에서 나온 빵들 마무리 좀 부탁해."

조리장의 말에 달콤 씨의 손이 빨라졌어. 달콤 씨는 빵 위에 올리브오일을 섞은 버터나 나파주를 발랐어. 그러면 광택이 나면서 더 먹음직스럽게 보이고 수분이 증발되는 걸 막아 주거든.

이제 빵이 적당히 식으면 비닐로 포장해서 매장에 진열할 거야. 집으로 돌아가는 사람들의 품에 안겨 떠나갈 빵들을 보며 달콤 씨는 또 조용히 속말을 하지.

'이 빵을 먹는 사람들, 모두 건강하고 행복하세요!'

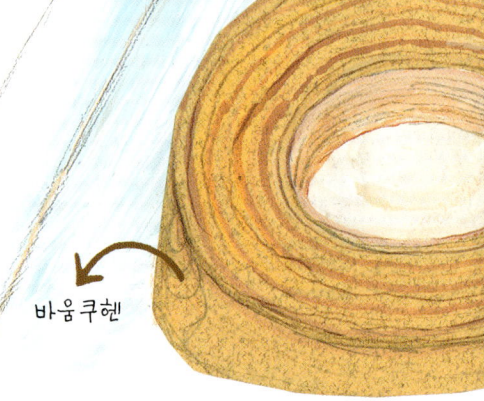

머랭

바움쿠헨

오후 **6:00**

새콤 씨, 다시 앞치마를 두르다!

다시마 우린 물에 청주를 몇 방울 떨어뜨려서 윤기가 찰찰 흐르는 밥을 지어. 맛있는 초밥을 저녁으로 먹으려는 손님들께 대접할 귀한 밥이야. 뜸을 들이는 동안 초밥 식초를 만드는 새콤 씨 코가 벌름벌름. 그래, 바로 이 냄새야!
톡 쏘는 시큼하고 건강한 냄새.

초밥 식초를 만드는 일은 초밥을 파는 일식집에서 가장 중요한 일이지. 새콤 씨는 소금, 식초, 설탕을 비율에 맞춰 골고루 잘 섞어서 배합초를 만들었어. 간혹 초밥 식초 만드는 법을 묻는 손님들이 있는데, 그때마다 새콤 씨는 시원스레 대답을 잘해 줘.

"소금, 식초, 설탕을 1:2:3 비율로 맞춰 잘 섞으세요. 쌀 한 되에 배합초 1,800시시(cc) 정도면 적당할 겁니다. 식초는 찰랑찰랑 부으셔야 해요."

요리사의 비법을 그렇게 가르쳐 줘도 되냐고 참견하는 손님도 있는데, 그럴 때마다 새콤 씨는 너털웃음을 지으며 이렇게 말해.

"진짜 비법은 제 손에 있으니까 괜찮습니다. 허허허!"

밥이 다 되면 밥알이 뭉개지지 않도록 조심스럽게 헤쳐 김을 빼야 해. 그리고 미리 만들어 둔 배합초를 살짝 섞은 뒤, 마르지 않도록 초밥 통에 잘 보관해 두지. 생선 초밥에 쓸 생선 살들을 다시 확인하고, 새로 끓인 된장국을 따끈하게 데우면 준비 완료! 일식집 '꿈'은 이제 저녁 식사 손님을 맞을 준비가 다 됐어.

일본의 초밥, 스시

초밥에서 신맛을 내는 식초는 식욕을 돋우고 피로감을 없애 줘요. 또 짠맛을 부드럽게 바꿔 주고, 살균력도 강해서 음식을 잘 상하지 않게 하지요. 생선 재료와 초밥의 민감한 균형이 가장 중요한데, 그 균형을 잡아 주는 것이 바로 요리사의 솜씨랍니다.

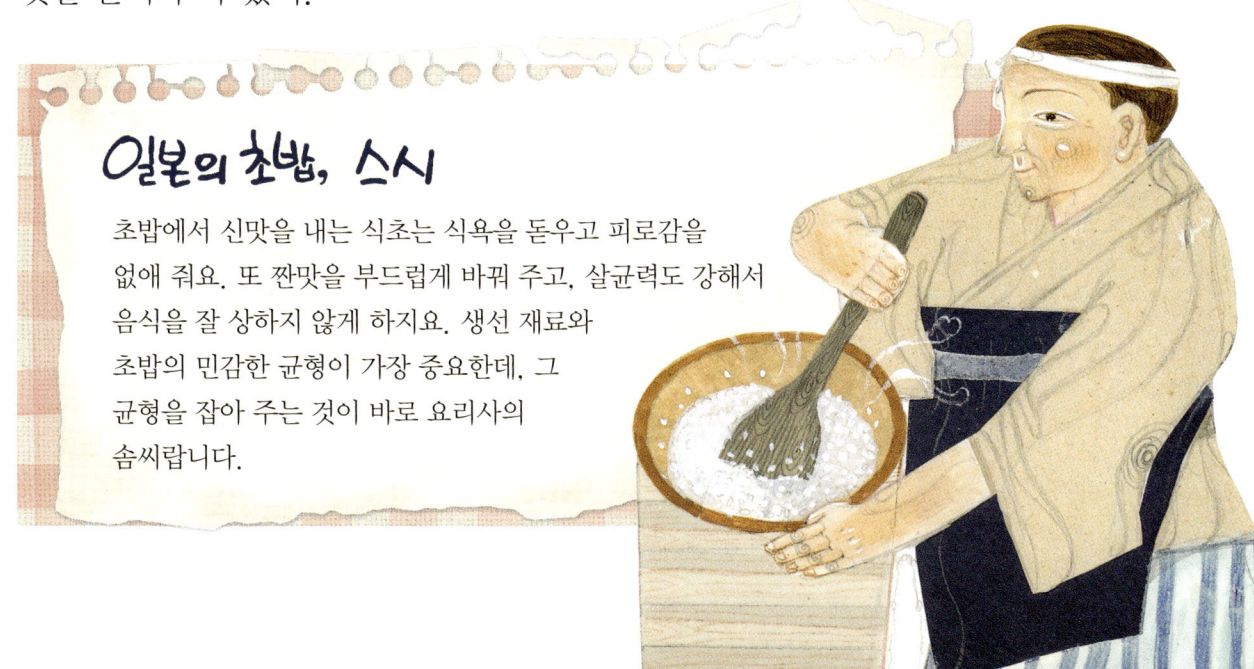

주로 초밥과 생선회를 파는 일식집 '꿈'은 20명 정도의 손님이 앉을 수 있는 작고 아담한 가게야. 새콤 씨가 큰 호텔에서 주방장까지 하고, 많은 제자들을 가르쳐 주방장으로 길러 낸 것에 비하면 너무 소박하지? 새콤 씨는 요리사가 된 지 딱 30년이 되던 지난해에 가게를 냈어. 언젠가 가게가 너무 작지 않냐고 손님이 물었을 때, 새콤 씨는 이렇게 대답했지.

"이 정도가 딱 좋아요. 손님들의 다양한 입맛에 맞추어 초밥을 만들 수 있잖아요. 손님들과 이런저런 이야기도 나눌 수 있고요. 초밥 말고도 다양한 일식의 맛을 보여 줄 수 없다는 아쉬움은 있지만, 그래도 내가 하고 싶던 가게는 바로 이런 거예요. 맛있는 초밥이 기다리는 작고 즐거운 집이요."

'꿈'을 나만의 초밥집으로 정한 손님들은 생각보다 많아. 예전에 새콤 씨가 주방장으로 있던 호텔과 큰 가게에서 단골이었던 손님들도 여기까지 찾아오지. 이제 슬슬 저녁 손님들이 들어오는걸.

"오랜만에 오셨네요! 오늘은 오도로가 특히 좋습니다."

"안 그래도 그거 먹으려고 왔지요. 하하하!"

'오도로'는 큰 뱃살이란 뜻의 일본말이야. 그래서 다랑어 뱃살로 만든 초밥을 '오도로 초밥'이라고 부르지.

새콤 씨는 오랜만에 만난 친구를 대접하듯 정성스레 초밥을 만들기 시작했어. 생선 살을 꺼내 결의 수직 방향으로 두툼히 썬 다음, 뱃살도 예쁘게 잘랐어. 그리고 초밥 통에 넣어 둔 초밥을 한 손에 쥐고 모양을 만든 뒤(초밥 하나에 230알에서 250알 정도의 밥알이 뭉쳐진 게 가장 적당해.) 오도로를 얹어 예쁘게 접시에 담아 냈지.

"초밥은 무엇보다 입 안에서 느껴지는 감촉이 중요해요. 생선 살의 향취, 밥과 생선 살을 함께 씹을 때 부드럽게 흩어지는 느낌, 목으로 넘길 때의 질감과

알싸한 와사비의 개운한 뒷맛이 잘 어울려야 제 맛이죠."

"하하, 맞아요. 이 집 초밥이 딱 그렇다니까요."

맛있다는 말만큼 요리사를 기쁘게 하는 말은 없지. 무슨 비법을 쓰느냐고 따지듯 묻는 손님도 있어. 그럴 때에도 새콤 씨는 친절히 대답하지.

"참다랑어는 얼린 것을 녹일 때 언제 소금을 넣느냐가 아주 중요해요. 계절에 따라, 참다랑어의 상태에 따라, 무게에 따라 다르답니다. 또 생선 살을 종이에 잘 싸서 숙성시키는 것도 중요하고요. 그래야 생선 살이 뒤틀어지지 않고 제 맛이 살아나지요."

초밥의 종류는 그야말로 무궁무진해. 해산물의 종류만큼 다양하다고 해도 맞는 말일걸. 꼭 해산물만 얹어 먹는 것도 아니지. 보통 우리나라 사람들이 가장 즐겨 먹는 초밥은 손으로 밥알을 쥐어 만든 뒤, 생선 살을 얹어 먹는 초밥이야. 이 밖에도 초밥 틀에 밥과 생선을 담았다가 꺼내 썰어 먹는 초밥, 야채나 산나물을 얹어 먹는 초밥, 생선을 올려 쪄서 만든 초밥, 유부를 삶고 간을 해서 밥을 채운 초밥, 김말이 초밥, 재료를 그릇에 담아 떠먹게 하는 초밥 등 다양한 초밥이 있어.

초밥을 맛있게 먹는 방법

초밥은 사람의 체온, 그러니까 37도 정도일 때가 제일 맛있어요. 신선한 생선 살로 금방 만든 것일수록 맛있는 건 당연하고요. 된장국보다 녹차로 입을 헹구면서 먹으면 생선의 제 맛을 느낄 수 있어요. 또 젓가락으로 먹지 말고 손으로 집어먹으면 더 좋아요. 왜냐하면 밥알을 흘리지도 않고 간장을 너무 많이 찍게 되지도 않거든요. 참, 간장에 고추냉이(와사비)를 꼭 넣어 드세요. 고추냉이의 매운 맛이 생선의 기름을 제거해서 비릿함을 없애고, 살균력을 높여서 탈이 날 염려도 없애 주거든요.

손님들과 이야기를 나누며 초밥을 만드는 새콤 씨가 참 여유로워 보이지만, 사실 새콤 씨의 손은 쉴 새 없이 움직이고 있어. 초밥 하나를 만들 때마다 손을 씻고, 도마를 행주로 훔쳐 내거든. 일식집은 날 생선을 많이 다루기 때문에 깨끗한 환경과 위생에 무엇보다 신경을 써야 해. 날카롭게 갈아 둔 칼과 길이 잘 든 도마는 특히 더 중요하지. 일식 요리사에게 가장 중요한 도구이자, 항상 깨끗해야 할 슈퍼 손이니까.

　"새콤 씨, 저 왔어요."

　옹기 씨가 저번에 부탁한 된장을 가지고 잠깐 들렀어.

　맛있는 '꿈'의 된장국은 사실 옹기 씨네 된장으로 새콤 씨가 잘 조리해 끓인 거야. 새콤 씨는 초절임 생강 하나만 일본 것을 쓰고, 나머지는 모두 우리나라에서 나는 것으로 구해서 써. 음식의 맛은 신선한 재료가 가장 중요하기 때문이지. 계절에 따라 신선한 재료로 만든 초밥은 그래서 늘 인기도 좋아.

　"새콤 씨! 내일 행복 요리사 모임, 잊지 않았죠? 내일 봐요!"

　옹기 씨가 손을 흔들어 보이고는 돌아갔어.

　복작복작한 '꿈'은 이제부터 더 바빠질 거야. 손님들이 나가는 대로 새 손님이 쏙쏙 들어와 앉는 걸 보니, 새콤 씨도 좀 더 힘내야겠는걸.

　새콤 씨, 오늘 하루도 끝까지 파이팅!

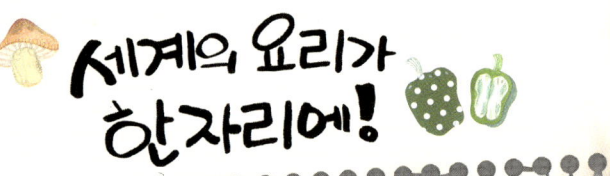

세계의 요리가 한자리에!

프랑스의 달팽이요리 '에스카르고'

프랑스 요리는 소스는 물론이고, 와인과 향신료가 특별히 더 중요해요. 지방마다 조금씩 다르긴 하지만, 마늘과 허브를 다져서 달팽이에 채운 다음 오븐에 구워 먹는 달팽이 요리는 입맛을 돋우기에 딱이에요. 그래서 달팽이 요리는 식사 전에 먹는 전채 요리로 많이 쓰여요. 쫄깃한 달팽이와 부드러운 크림이 입 안에 활력을 불어넣지요.

쌀 종이에 싸서 먹는 베트남의 '월남쌈'

베트남은 찰기가 없는 운남쌀이 많이 생산돼요. 그래서 쌀국수나 쌀 종이(라이스페이퍼)를 이용하는 맛난 요리들을 개발해 냈지요. 그중에서도 고기와 채소를 푸짐하게 한 접시 차린 후, 쌀 종이에 싸서 먹는 월남쌈은 눈과 입을 만족시켜 주는 일등 요리예요. 월남쌈은 어떤 재료를 넣더라도 잘 어울려서 계절별로 제철 과일이나 채소를 넣어 신선한 영양까지 챙길 수 있어요.

보글보글 끓여 먹는 모로코의 '타진'

타진은 원추형의 전통 도자기 냄비에 채소와 고기를 넣고 국처럼 끓여 낸 요리예요. 고기 대신 여러 가지 향신료를 넣은 생선을 넣을 때도 있어요. 또 아몬드, 건포도, 말린 대추야자, 자두 등의 견과류와 말린 과일, 벌꿀 등을 넣어 단맛을 내지요. 음식이 다 만들어지면, 삼각 모자 같은 뚜껑을 덮어서 도자기 냄비째 식탁에 올린답니다.

볶아서 먹는 스페인의 '빠에야'

빠에야는 여러 가지 해산물을 듬뿍 넣고 밥을 볶아 만든 음식이에요. 해산물만 넣는 것이 아니고, 육류나 오징어 먹물을 넣은 빠에야도 있답니다. 빠에야는 원래 밥을 볶던 둥글고 납작한 프라이팬의 이름이에요. 그래서 빠에야는 조리해서 프라이팬째로 내놓는답니다.

둘둘 말아 먹는 멕시코의 '타코'

멕시코 요리는 매콤한 것이 특징인데, 여러 고추와 토마토, 향신료, 양파 따위를 섞어 만든 살사 소스가 매콤한 맛을 내요. 멕시코 요리의 기본은 밀가루나 옥수수 가루를 반죽해서 둥글고 납작하게 구운 토르티야예요. 요리의 모양과 재료는 다르지만, 토르티야에 콩, 치즈, 고추, 육류, 양파 따위를 놓고 살사 소스를 뿌려 먹는 건 비슷하지요. 타코도 마찬가지예요. 토르티야에 볶은 고기나 야채 등을 올려서 둘둘 말아서 먹는답니다.

강한 향이 나는 인도의 '카레'

인도는 향신료의 천국! 한 요리에도 수십 가지의 향신료를 넣어 강한 맛을 내요. 사실 인도에서는 정통 향신료를 배합해 놓은 소스를 '카레'라고 불러요. 고기나 채소와 여러 향신료를 넣어 카레를 만든 다음, 밥이나 화덕에 구운 얇은 빵인 '난'과 함께 먹지요.

요리의 유래가 궁금해!

치즈에 찍어 먹는 '퐁듀'

퐁듀는 프랑스 어로 '녹이다'라는 뜻이에요. 여러 재료들을 꼬챙이에 끼워서 녹인 치즈나 초콜릿, 소스에 찍어 먹는 스위스의 전통 음식이지요. 퐁듀는 원래 옛날에 알프스 고지대에서 사냥꾼들이 먹던 음식이었어요. 모닥불에 녹인 치즈에 딱딱해진 음식들을 찍어 먹던 것이 지금의 퐁듀로 발전한 것이지요. 오늘날의 퐁듀는 여러 가지 요리로 발전되어 아주 다양하답니다.

바이킹의 음식 '뷔페'

뷔페는 바이킹의 후예인 스칸디나비아 사람들의 풍습이 전해진 거예요. 바다를 누비던 바이킹들은 며칠씩 배를 타고 나갔다가 돌아오면, 술과 음식을 커다란 널빤지에 늘어놓고 사람들과 나누어 먹으며 즐겼어요. 이것이 바로 '뷔페'의 시작이지요. 뷔페는 격식을 차리지 않아도 되고, 많은 사람들과 함께 여러 음식을 먹을 수 있다는 장점 때문에 널리 유행하게 되었답니다.

쇠고기 국밥 '설렁탕'

설렁탕은 우리나라의 '선농'이라는 나라 행사에서 시작되었어요. 신라 시대부터 있었던 이 행사는 왕이 풍년을 기원하며 농사의 신인 '선농의 신'에게 제사를 지냈던 의식이지요. 기록에 따르면 세종 대왕은 선농단에서 제사를 지내고, 제사 음식이었던 쇠고기를 많은 사람들과 함께 나누어 먹었다고 해요. 여러 사람들이 먹기 위해서 쇠고기 국에 고기를 얇게 썰어 담고 밥을 말은 후에, 다른 반찬 없이 먹을 수 있도록 소금으로 간을 해서 먹었답니다. 사람들은 이 쇠고기 국밥을 선농단에서 끓였다고 해서 '선농탕'이라고 불렀어요. 그러다가 국물이 눈처럼 하얘서 '눈 설(雪)'자를 써서 '설농탕', '설렁탕'으로 부르게 되었답니다.

사람의 머리 모양을 빚은 '만두'

만두는 옛날 중국의 정치가였던 제갈량이 만들었던 제사 음식에서 전해진 거예요. 제갈량이 바다를 건너는 길에 심한 풍랑을 만났는데, 사람의 머리 49개를 바다의 신에게 바쳐야 바다가 잠잠해질 거라는 말을 들었어요. 곰곰이 생각하던 제갈량이 사람의 머리 모양을 밀가루로 빚어 제사를 지내자, 바다의 풍랑이 그쳤다고 해요. 이렇게 시작된 음식이 바로 만두랍니다.

맛있는 사랑을 요리하라!

　사실은 나도 요리사가 되고 싶었어요. 지금도 친구와 소문난 음식점을 찾아다니는 일을 즐긴답니다. 함께 맛난 음식을 먹으며 소소한 이야기를 나누다 보면, 작지만 평온한 행복에 마음이 보드라워져요.

　하지만 맛있는 음식을 먹는 것과 만드는 것에는 큰 차이가 있지요. 나는 결국 요리사가 되지 못하고 동화를 쓰는 작가가 되었지만, 지금도 요리사들이 부러울 때가 참 많아요. 매일매일 맛난 음식을 자기 손으로 만들어 사람들한테 맛있는 선물을 주는 일은 정말 근사하잖아요. 무엇보다, 각각의 맛을 가진 여러 재료들을 쓱쓱싹싹 요리해서 하나의 음식을 만들어 내다니! 요리사들의 손은 참말 요술쟁이의 손이 아닐까 하는 생각이 들기도 해요.

　배추와 파, 무, 고춧가루 하나하나가 내는 맛은 그리 훌륭하지 않지만, 그것들이 김치로 거듭난 후의 맛은 정말 기가 막히지요. 고기나 샐러드도 찍어 먹는 소스에 따라 다른 맛을 내고, 밀가루, 설탕, 버터, 우유처럼 전혀 다른 맛들이 모여서 맛있는 케이크로 만들어지고요. 재료들을 잘 어울리게 해서 가장 좋은 맛을 창조하는 요리사들의 손! 참말 부러운 손이에요.

　그런데 더 부러운 것은 정성껏 음식을 만드는 요리사들의 마음이에요.

  자기가 만든 요리에 최선을 다하고, 그 요리를 먹는 사람들을 위해 기도하는 마음! 이 마음을 지니는 것이 훌륭한 요리사가 되는 가장 귀한 단계이지요.

  이 책을 쓰기 위해 내가 만났던 요리사들은 한결같이 이렇게 말했어요.

  "요리사가 되고 싶은 아이들한테 우리의 일을 알려 준다고요? 우아! 멋진데요."

  그리고 또 이런 말도요.

  "손의 기술이나 감각을 지니기 위해서는 굉장히 많은 연습이 필요해요. 타고난 소질 같은 게 있다면 더 좋겠죠. 체력도 좋아야 하고, 반짝이는 아이디어도 있어야 해요. 그러나 무엇보다 필요한 것은 나누는 마음이에요. 맛난 음식을 즐겁게 나누는 일이 바로 요리사가 하는 가장 큰일이거든요. 이 자체만으로 기뻐할 수 있어야 좋은 요리사가 될 수 있답니다."

  남과 나누는 마음, 바로 사랑을 요리할 수 있어야 진짜 좋은 요리사가 될 수 있다는 것! 앞으로 훌륭한 요리사가 되기를 꿈꾸는 어린이들이라면 꼭 기억하세요.

글쓴이 **유영소**

맛을 지휘하는

요리사

초판 1쇄 발행 2008년 8월 25일
초판 9쇄 발행 2014년 10월 20일

글 유영소
그림 김선진

발행인 양원석 | **본부장** 박철주 | **편집장** 전혜원
책임 편집 최주영 | **편집** 초콜릿나무 | **디자인** 디자인알도
마케팅 김경만, 정재만, 하석진, 곽희은, 임충진, 김민수, 윤기봉, 임우열, 장현기,
송기현, 우지연, 정미진, 윤선미, 이선미, 최경민
제작 문태일, 김수진 | **해외 저작권** 황지현, 지소연

펴낸곳 (주)알에이치코리아
주소 153-802 서울시 금천구 가산디지털2로 53, 20층(한라시그마밸리)
문의 02)6443-8923(내용), 02)6443-8838(구입), 02)6443-8962(팩스)
홈페이지 www.jrrhk.com
등록 2004년 1월 15일 제2-3726호

© 유영소, 김선진 2008
ISBN 978-89-255-2154-1 73300
     978-89-255-1887-9 (세트)

값 9,000원

이 책은 저작권법에 따라 보호를 받는 저작물이므로 무단 전재와 무단 복제를 금지하며,
이 책 내용의 일부를 이용하시려면 반드시 저작권자와 (주)알에이치코리아의 서면 동의를 받아야 합니다.

＊잘못 만들어진 책은 구입하신 곳에서 교환해 드립니다.
＊책 모서리가 날카로워 다칠 수 있으니 사람을 향해 던지거나 떨어뜨리지 마십시오.
＊이 책의 맞춤법과 띄어쓰기는 국립국어원의 기준을 따랐습니다.

RHK 는 랜덤하우스코리아의 새 이름입니다.

직업의 세계가 보인다! 상식과 지식이 넓어진다! 직업에 대한 꿈이 생긴다!

미래의 꿈을 키울 수 있는 '직업 동화 시리즈'입니다. 이 시리즈를 통해 막연하게 알고 있던 각 직업의 세계를 자세히 알게 되고, 직업과 관련된 사회, 문화, 역사 등 다양한 상식을 넓힐 수 있습니다. 재미있고 흥미진진한 직업의 세계는 앞으로도 계속됩니다.

1권 우주로 꿈을 쏘아 올린 우주 비행사

우주 비행사가 들려주는 이야기를 통해 우주 비행사가 받는 훈련, 우주에서의 생활, 우주 개발의 역사 등을 생생하게 알 수 있습니다.

2권 맛을 지휘하는 요리사

한식, 중식, 일식, 양식 요리사와 파티시에의 하루를 통해 요리사의 세계를 알아봅니다. 사랑과 정성을 쏟아 요리하는 다양한 요리사들의 모습을 만날 수 있습니다.

3권 소중한 생명을 다루는 의사
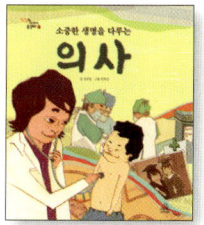
종합 병원 소아과 의사의 숨 가쁜 하루를 따라가며 의사의 세계를 알아봅니다. 각 과의 의사들이 하는 일, 재미있는 의학의 이모저모도 알 수 있습니다.

4권 꿈을 입히는 패션 디자이너

패션쇼를 준비하는 다섯 명의 디자이너를 통해 패션 디자이너의 세계를 알아봅니다. 디자인에서부터 옷이 만들어지는 과정, 다채로운 패션 정보와 역사도 알 수 있습니다.

5권 행복을 연출하는 방송 PD

크리스마스 특집 프로그램을 만드는 과정을 통해 치열한 방송 PD의 세계를 알아봅니다. 방송 제작 과정과 방송국의 여러 장소, 다양한 분야의 PD들에 대해서도 알 수 있습니다.

6권 법으로 희망을 심는 변호사

변호사가 마을 사람들의 권리를 찾아 주는 과정을 통해 변호사의 세계를 알아봅니다. 변호사는 어떤 일을 하는지, 또 법정 안의 모습과 판사, 검사에 대해서도 알 수 있습니다.

7권 세계를 향한 슈팅, 축구 선수

세계적으로 발돋움하는 축구 선수의 이야기를 통해 생생한 축구 선수의 세계를 알아봅니다. 축구 경기의 이모저모, 월드컵 이야기, 다양한 축구 정보와 역사도 알 수 있습니다.

8권 무대 위의 별, 뮤지컬 배우

세계적인 뮤지컬 배우로 성장하는 은지 이야기를 통해 환상적인 뮤지컬 배우의 세계를 알아봅니다. 다양한 뮤지컬 정보와 역사, 유명한 작품들, 공연 감상법도 알 수 있습니다.

9권 진실을 보도하는 방송 기자·앵커

방송 기자에서 시작하여 앵커가 된 한미소의 이야기를 통해 기자와 앵커는 어떤 일을 하는지 알아봅니다. 뉴스 제작 과정도 알 수 있습니다.

10권 하늘을 나는 꿈, 비행기 조종사

카이로행 국제선 비행기를 조종하는 한비를 통해 비행기 조종사가 하는 일에 대해 알아봅니다. 비행기 내부 모습과 공항, 또 출국과 입국 과정에 대해서도 알 수 있습니다.